홀로 핀 꽃

홀로 핀 꽃

박 가 박 시집

도서출판 천우

살다 보면 좋은 일만 있는 게 아니다. 양지인가 싶었는데 음지가 나타나고, 음지에 있다 보면 초점 잃은 이정표 때문에 절망하기도 한다.

더 나아가 인간에 의해 살벌한 궁지에 몰릴 때는 삶 자체가 회의적일 때가 많다.

설상가상 대처할 수 없는 돌발적 자연재해나 충격적인 괴질의 창궐 앞에 인간성마저 변질되어 가는 험악한 현실에 직면하게 된다.

북송(北宋)의 문장가 범중엄(范仲淹)은 '암울한 시대가 오거나 사람들의 이해관계가 얽히게 되면, 그때 비로소 소인과 군자가 쉽게 구별된다.' 하였다.

지금이 그런 시대가 아닌가 싶다. 이미 겸손과 관용 그리고 포용이라는 정지선이 무너진 작금, 우린 위험한 질서 속에서 살아가고 있다.

이제 신마저 어찌할 수 없는 혼돈의 퍼즐이 흩어져 속수무책으로 날리고 있다.

근심을 먼저 먹자니
걱정이 앞서가고

걱정부터 먹어 치우자니
근심이 남는 세상

이렇듯
난잡(亂雜)하고 어두컴컴한 세상에서

그대는
군자(君子)인가 소인(小人)인가

2021년 사인암에서
봄을 기다리며

제1부

그리움

● 시인의 말

제2부

홀로 핀 꽃

제3부

그대 지금

제4부

잊지 말아요

제5부

정리(整理)

제6부

잊을 수 없는 그대

1부

그리움

웃음꽃

철~ 철~
넘쳐나는 웃음꽃

복사꽃 왈츠
라일락 탱고

널 그리며
피어 웃었지

비 내리면 어떻고
바람 불면 어떠하리

설레다
정들면 웃는 거지

봄

이렇게 좋은 날

어디 한번
떠나 볼 거나

꽃들은
저마다 붉은 입술 내밀고

새들
아지랑이 끌어안고 노니는데

어디 한번
훌쩍 떠나 볼 거나

이렇게 좋은 날

누군지 모를 사람
기다리고 있었건만

올지 말지
기별조차 없는 사람

바람 불어
꽃이파리 흩날리니

어디 한번
떠나 볼 거나

그리움

햇살-
따사한 봄날에야

긴긴밤 젖은 눈물-
빨랫줄에 널었습니다

버선발 안기었던-
그리움도 널었습니다

기다란-
간짓대 세워 놓고

보송보송 마르라-
갈피갈피 널었습니다

오직 그대-
한사람 그리워

볼그족족-
보조개 피어오르자

나비 한 마리-
날아와 앉았습니다

아마도-
아프로디테(Aphrodite) 여신이 보냈나 봅니다

* 아프로디테(Aphrodite) 여신 : 그리스 신화 올림포스 12신중, 미(美)와 사랑의 여신

봄 처녀

바람은
어느 봄날

연초록
처녀 맘 흔들어 놓고

모른 척
지나가나 싶더니

저고리 섶 헤치고
꽃봉오리 매만진다

부끄럽다
소리쳐 보았지만

도망치지 못하는 걸
어찌 알았을까

참았던 눈물
왈~칵 쏟아내고 말았더니

봄날엔
다 그렇고 그런 거란다

외양간

보리밭
자근자근 밟아오는 이른 봄

여느
냉이 잎사귀 파릇파릇 돋아나고

드러낸
따지기 흐물흐물 녹아내린다

되새김
연신하던 외양간 늙은 황소

벌써부터
산비탈 밭갈이 심란한지

개울 건너
아지랑이 바라보다

지그시
눈을 감는다

진달래꽃 2

볼테면
보란 듯이

산허리마다
알몸으로 피었다

뭐 그리 바빠
녹색치마 어디 두고

지천으로
뱉어냈다

어지러진 달빛 속
띄워 보낸 사연

가슴 터지는
속 물살 끌어안고

실연에 빠진 소녀
붉게 울며 피었다

만날 수 없어
서름 서름 피었다

민들레

기다리다–
낮은 곳 낮게 앉아
홀로 핀 민들레

울며 떠난–
당신의 빠알간 비밀
차마 아무한테 털어놓을 수 없었습니다

시도 때도 없이–
성가시게 흔들어대던
바람난 바람

성글한 이파리
참다 참다
바들바들 떨길 몇 날 며칠이었던가

남다른 향기–
눈부신 몸매 아니지만
올봄엔 꽃자루 높이 올라

그대가 남겨 준 그리움
보란 듯
활~짝 피어 볼랍니다

우리 사랑할래요?

꽃 보듯
날 바라만 보지 말고

애틋한 목마름
뽕긋 뽕긋 솟아오를 때

우리
사랑할래요?

이곳저곳 눈치보지 말고
서둘러 말해주세요

마냥 뜸 들이다
들바람 난데없이 휘저으면

그리움 흔들려
자지러지고 말 거예요

우리
어서 어서 사랑 할래요?

달콤한 향기
바삭바삭 마르고 나면

빠알간 내 맘
보여주지 못해

지친 듯 사라져가던 사랑
슬피 울고 말 테니까요

내가 꽃이라면

아~
내가 꽃이라면

아무 때
아무 곳 피어나지 않으리라

어찌하여
꼭이나 그럴 수밖에 없다 해도

아무나 좋으라
예삐 피우지 않으리라

아~
내가 꽃이라면

뼛속까지
물들이며 피우진 않으리라

어차피 피자마자
꺾이지 않으면 시들고 말 터인데

아예
그럴 바에야

허옇게 숨어
피고 지리라

목마름

등허리
희뿌연 돌멩이

강바닥
뒹굴다 주저앉아

엊그제 내려왔던
봄비 기다린다

봄바람
허리에 두른 골담초

노오란 항아리
비우지 못해 안달이고

버들 숲 둔덕 꽃다지
앞 다퉈 피우려다

울 너머 오솔길
날 바람 바라본다

혼기 놓친 고비
긴 머리 풀어 헤치고

봄을 훔쳐 간
시간 뒤의 기다림

남몰래
목마름으로 피었다

산 벚꽃

이산
저산 피었습니다

비탈진
길 가상에도

아찔한
바위틈에도 피었습니다

가슴팍
뜨거워진 벌 나비

분홍빛 속살
깊숙한 곳 입술 파묻고

채곡채곡
달콤한 밀어 따 담습니다

시집간
우리 누나

너처럼
뽀오얗게 예삐 필 때

어떤 사내
다가와 안고 갔습니다.

두멧골

나락 한섬에-
일 년을 팔았던 애머슴

오목오목
밟고 갔을 두멧골에도

송곳보다-
강렬한 연초록 미소

폴삭폴삭-
삐집고 솟아난다

종다리-
똘망똘망 날아오르고

봄바람
청보리밭 흔들고 지나가면

겨우내-
외로웠을 이쁜이

훌러덩-
옷고름 풀어 헤칠라

봄이 오는 소리

골짜기 응달진 곳
쌓인 잔설 녹아내리고

길옆 복수초
노오란 꽃망울 터트리면

밀려가던 겨울자락
옷 소매 짧아진다

저 멀리
산허리 감돌던 하얀 안개

굽이굽이
오솔길 내려오다

연초록 버들가지마다
살며시 내려앉았다

설렌 만큼
봄바람 살랑살랑 불어오고

봄을 굴리는 여울 소리
골짜기를 메운다

찍지~지찍~
직박구리 춤을 춘다

새잎마다
쫑긋-쫑긋 귀를 세운다

고백 2

널
좋아하면 안될까?

진달래
꽃가지 꺾어 들고

연거푸
두세 번 되묻던 소녀가 있었습니다

부끄러웠던지
쪼그린 무릎 사이 얼굴 파묻고

검정 치맛자락
만지작거리던 소녀였습니다

왜 그리
콩닥콩닥 가슴이 뛰었던지

터질 것만 같아
말 한마디 못하고 달아나고 말았습니다

해마다
이맘때면 찾아오곤 했다던데

왠지 몇 년째
소녀를 보았다는 사람 없었습니다

올봄 따라
볼그족족 불어오는 꽃바람

그땐
말을 못 했을 뿐이지

나도
널 좋아했었는데—

꽃피는 봄

꽃피는
봄 언덕

향기 따라
그리움 밀려옵니다

까마득
아주 먼 곳 혼자 떠돌다

산 들길
내를 건너 찾아옵니다

돌담길 돌다 보니
매화꽃 피었습니다

송이송이
님 그리워 피었습니다

꽃피는 봄
오늘 밤엔
그 님에게 편지를 쓰렵니다

2부

홀로 핀 꽃

봉숭아꽃

장독대 뒤 숨어있다
휘파람 소리 들려오면

담 너머 손 내밀어
새끼손가락 걸곤 하였지

열 손가락 물들여
내 마음이라 보여주고 싶어

우리 집 마당에
피어있는 봉숭아 꽃잎

돌확에 짓이겨
무명실로 동여맸지

열아홉 나이 들어
처음 들여보는 봉숭아꽃물

곱게 곱게 물들라
마음 들떠 밤잠 설쳤지

내일 밤엔 일찌감치
장독대 뒤 숨어 있어야지

누굴 사랑했길래

누굴
사랑했길래

허마리 하나 없이
주저앉아 있을까

하도
많은 인연 중

누굴
사랑했길래

아프다
말 한마디 못하고

속내
홀로 태우며 살았을까

인연 아닌
인연 만났을까

만난 인연
훌쩍 떠나 버렸을까

하필

누굴
사랑했길래

저리
울고 있을까

회상(回想)

까아만 실키 니트
바지는 새하얀

살굿빛 환한 미소
반지르르 바르고

예쁘장한 여인네
골목길 지나간다

그리 대단한
여인네 같지도 않으면서

가끔은 구름 낀 날
양산을 쓰고 간다

노을빛 지근지근
밟고 가는 걸음걸이

잊혀진 첫사랑
스멀스멀 찾아든다

그때는 묻지 못했지
내가 왜 싫어졌냐고~

못다한 말

꼬~옥 안아주며
하고 싶었던 말이 있었는데

쏟아지는 눈물
가슴에 쓸어 담기 바빠

돌아서는 뒷모습
바라만 보고 있었지

안으로 안으로
자꾸자꾸 숨어들어

끝내
끌어내지 못했던 못다 한 말

때를 놓친 아쉬움
밤마다 출렁이고

창호지에 찍어놓은
빠알간 도장처럼

갇혀있다 또렷이
되살아나는 못다 한 말

그대여!
그대는 진정 나의 사랑이었소

오후

푸석푸석
먼지 이는 시골길

아가씨
머리카락 바람을 탄다

물 고인 논배미
뙤약볕에 달아오르고

까치발 치켜든 개구리
하늘만 처다본다

시냇가 아이들
물 위에 수제비를 띄우고

원두막 걸터앉아
곰방대 빨아대던 할배

산들바람에
꾸벅꾸벅 졸고 있다

참외 서리
때를 만난 녀석들

복-복- 기어
참외밭에 숨었다

깽깽이풀

빛살 한 점
들지 않는 골짜기

지난 밤
내린 비에 잔뜩 엎드린

깽깽이풀
바들바들 떨고 있다
일어나야 할 텐데

버뜩
일어나야 할텐데

날
보러오기 전에

툴~ 툴~
털어내고 일어나야 할 텐데

소낙비

이지러진
여름밤 요란하다

천둥 번개
내리치는 소낙비

넘치는 붉덩물
냇골 휩쓸고
먼동 튼 들녘

모가지
내민 풀잎 애처롭다

찌르러기 추억
흐려놓은 패택(沛澤)

허적대던 붕어 떼
자취를 감추고

덜망 고무딸기
생을 놓았다

논두렁 청대콩
드러누운 지 며칠이던가

이랑 감자꽃
부끄럼도 모르고 피었다

메꽃

모래톱 등 너머
홀로 핀 꽃

허기져
가늘해진 몸뚱아리

해풍에
드러누워 잠들었다

바싹 마른
추억하나 간직하고

누굴 만난 듯
수줍어하던 너

연분홍 웃음 속
숨어 우는 그리움

한여름
먼 바람 불어와

조각조각
부서져 날려도

간당간당
매달려 울지 않았다

어글어글했던 모습
휘주근해진 너

오늘은 누구일까
내다보지 말거라

밀어

눈빛 속
빠알간 밀어

못 만날까 봐
흔들린다

보고 싶으면
머물고 했던 곳

전등불
하나둘 드러눕자

금시
울고 마는 밀어

마지막
약속 붙들고

애처롭게
숨어 있다

가지 끝
기다림 걸어 놓고

저승사자
등에 업혀 떠났다

홀로 핀 꽃

초록이불 드리운
산자락 아래

아지랑이
봄 들판 노닐다

화려한 몸짓으로
내 안에 들어와

터져 우는 소리에도
제 할 짓 다하고 사라진다

길도 없는 풀숲
홀로 피어 있어도

누굴 기다리며
두근거리다 피었건만

그 뒤론
스치고 지나가는 들바람 뿐

차마
홀로 핀 꽃

버텨오던
대궁마저 흐느적거리다

외롭고 쓸쓸해
울다 진다

소문

상사병 걸린 처녀
뛰어내렸다는 상사바위

그 밑 동네

어느 날 부턴가
해가 설핏하면

꾸역꾸역
주막집 모여들어

술판에 화투놀이
날 새는 줄 모르더니

읍내에서 왔다는
기술자 올가미에 얽혀

달랑 말갓지기
논배미 날려버린 봉순애비

죽네 사네
악쓰는 마누라 등쌀에

한 마디
말도 없이 집을 나갔다

햇살은 피었건만
이내 마음 어이할거나

미우나 고우나
옆에 있다면

덥석
안아주고 싶은디

도라지꽃

청아한 연보라빛
가신 님 그리며 피었습니다

상냥하고
따뜻한 심성

매듭 매듭
풀어 헤쳐 피었습니다

도란도란
속삭였던 정든 밤

숨겨뒀던 사연
잊지 못해 피었습니다

촉촉한 님에 향기
부서져 달아날까 두려워

꼬박
뜬밤 세며 피었습니다

순결한
이슬방울 머금고

저리
홀로 피었습니다

아
그 님 떠난 자리 피었습니다

장미

앞선 누가
입맞춤할 것 같아

붉게
물들어 있었는데

황홀한 자태
무르익었다는 둥

이쁘다
말을 말든지

가시 좀
있으면 어때서

가까이
다가오지 못하는 소심한 것들

멀찌감치 떨어져
바라만 보고 있네

자꾸
이쁘다 말을 말든지

붉디붉게
터질 듯 부풀어 올라있는데

저렇게
처다만 보고 있으니

난
어찌하라고

더 이상
이쁘다 말을 말든지

저리도
한심하게 소심한 것들

욕정(欲情)만
삼키며 서 있네

측은한 몸부림
첩첩이 쌓여만 가니

이제
소심한 것들 미워지네

배롱나무꽃

배롱나무
꽃 필 때면

언덕배기
보랏빛 비수리

물가
물봉선 지천으로 피어난다

물매화
발가벗은 윗도리

송이 마다
시집간 순이 닮았다

가쁜 숨
몰아 쉬지도 않으면서

쉬엄쉬엄
피고 싶다던 배롱나무

천둥 번개 치던 날
미친 듯 춤을 춘다

무슨 사연인지
붉게 붉게 울고 있다

삐삐 풀

삐삐 풀
꺾어 깨물어 본다

맹맹한 물
그래도 정겹다

어릴 적
뽕나무 우듬지에
고무풍선 걸렸다

징징대며
콧물 달고 다니던 진근이

간당간당 오르더니
손에 들고 내려왔다

삐삐 풀
꺾어 물고 으시대던 진근이

방학 때
집에 와보니

경상도로
이사 가고 없었다

3부

그대 지금

가을

저마다
끌어안고 살아온 사연

찬 서리에
이별 다가왔음을 알았을까

며칠 밤
속앓이하다 잠 못 들더니

이곳저곳
사방에서 불그스레 울고 있다

누구는
기다림에 지쳤는지

가녀린 바람에
길을 떠나고

누구는
아직도 붉은 가슴 흔들고 있다

그대 가슴 설렌다면

그대
가슴 설렌다면

그대 곁에
누군가 다가와 있음이다

자주 빛깔
물들 듯 숨 가빠지면

사랑은 이런 거다
느껴보라는 가르침이다

그리움
가슴으로 말하다

때깔처럼
빨갛게 부풀어 온다면

드디어
사랑이 찾아온 것이다

두근두근
잠 못 드는 밤 계속된다면

이제
혼줄 빼놓을

사랑의
올가미에 묶인 것이다

쓸쓸한 시간

늦은 밤 살금살금
그녀 집 앞 서 있다

불 꺼진 창
달빛 속 잠들고

귀또리
울음소리 처량하다

아무렴 저 달빛
어둠이 흩어지는 순간까지

그녀
빛깔 속 빠져 놀다

훌~훌~
털어내고 떠나겠지

문득
마루 밑 강아지

오달지게
짖어댈까 겁나고

그녀 애비
예끼놈 고함칠까 두렵다

내 마음
그녀 방 던져놓고

들킬세라
담장 모퉁이에 숨었다

그곳에 가고 싶다

그곳에
가고 싶다

그대
만날 수 없다 해도

그곳에
가고 싶다

죽어가는
시간 붙들고

속앓이
하니 보다

그곳에
가 봐야겠다

그곳엔
봄, 여름 꽃피고

갈, 겨우내
황홀한 오로라 춤추고 있을 것이다

그곳에 가
그대 이름 불러 보고 싶다

대답 없을
그대지만

아직도
그리워하고 있다 말해야겠다

그곳에

그대 얼굴
그려놓고 싶다

눈물

눈물
흐르는 걸 어떻게 해

참아도
흐르는 걸 어떻게 해

남들
왜 그러느냐 하지만

그럴수록
자꾸자꾸 흐르는 걸 어떻게 해

닦아도 닦아도
안 되는 걸 어떻게 해

기다려본 들
쓸데없는 일인 줄 알고 있지만

그리워서
그러는 걸 어떻게 해

시집살이

절굿공이 반들반들
닳고 닳은 시집살이

삼태기 가득 찬 한(恨)
담아내고 담아내도

연자방아 돌고 돌 뿐
별들마저 숨어 버렸다

적막한 산수(山水)
홰치는 장닭

서방님
어찌하여 어서 들라 말이 없는가

옷고름
풀어헤칠 기력조차 없다더냐

깊은 설움
내 어찌 끌어안고 살아가리

그랬으면 좋겠구먼

옥이랑 순이랑
각시 신랑 정해놓고

해지는 줄 모르고
소꼽놀이하던 곳

날
그곳으로 데려다주었으면 좋겠구먼

복사꽃 살구꽃
지천으로 피어나고

푸르른 은사시
바람결에 춤추던 곳

날
그곳으로 데려다주었으면 좋겠구먼

뭉게구름
너른 갱변 지나다 잠들고

이름 모를
산새 지저귀던 곳

날
그곳으로 데려다주었으면 좋겠구먼

감자 옥수수
서리해먹으며 히히덕거리고

눈싸움하다
부둥켜안고 뒹굴던 곳

날
그곳으로 데려다주었으면 좋겠구먼

영자할배 회갑 잔칫날
항아리 속 막걸리 몰래 마시고

담장 밑에 쓰러져
해지는 줄 모르고 잠들었던 곳

옥이랑 순이
그곳으로 돌아왔으면 좋겠구먼

사랑

하트 하나
그려진 커피잔

겹겹이
사이에 두고

그리 좋아
웃고 또 웃는다

설렘만
오고 가도 그만인데

동공이
고착된 응시 속에서

뜨거운 사랑
입맞춤하고 있다

진작부터
꽃나비 한 쌍

훨~훨~
날아올랐다

보듬어 보았더니

덥석-
보듬어 보았더니

그리 좋더라

먼발치에서-
바라만 보아왔던

향기롭고-
속속들이 아름답던 너

허허로운 초원

우두커니-
홀로 서 있기에

덥석-
보듬어 보았더니

에라, 꿈이었더라

그대 지금

잔잔한
검은 눈동자 껌뻑이며

수줍음
참지 못했던 입맞춤

조각구름 엮어 놓듯
쌓여가던 속삭임

구들장보다
뜨겁고 강렬했던 사랑

하루를 살더라도
하얀 백합꽃처럼

순결하고
고귀한 여자가 되고 싶다 했던 그대

아무리
아파하며 떠났어도

그대 지금
누가 묻는다면

가슴속 이야기
지워가고 있다 하겠지요

주막(酒幕)

주렴(珠簾)
내려진 주막

짙은 농담 걸쳐놓고
질러대는 육두문자(肉頭文字)

짭짤한 안주 삼아
막걸릿잔 부딪친다

유들유들 흘겨보다
무지러지는 욕망 앞엔

잘난 놈 못난 놈 없는
그놈이 그놈이다

빈 접시
쌓여가자

구두 밑창
허리춤 감춰뒀던 율곡 선생

꼬깃꼬깃
숨어있다 납신다

한 주전자
더 달라는 큰 소리에

늙은 주모 졸던 눈
비슬비슬 달 뜬다

고독

방문
활짝 열고 들여다봐도

할퀸
신발장 훑어봐도

고독한 그늘
널브러져 있다

찌든 천장
노쇠한 거미줄

빈 술병
나자빠진 윗목 한켠

외로움
철조망에 갇혀있다

꼴깍꼴깍
숨만 쉬고 있을 때

창살에
머물던 햇살

고독이란
빛더미 들여다본다

차마
못 볼 걸 본 것처럼

질끈
눈을 감고 숨어 버렸다

진관동(津寬洞)

띄엄띄엄
초가집 앉아 졸던 곳

메뚜기 다리 건너가니
하현달 떠있다

떠나지 않겠다며
천막치고 울부짖던 한뼘 땅

두려워 떨고 있던 실개천
아파하다 죽었다

굉음
질러대던 쇠뭉치

또 어디
행패 부리려 떠났을까

여미했던 얼굴들
더듬어 보니 그립다

울창하게 뻗어 올라
아가리 벌린 사마귀 떼

터 잡자마자
메뚜기 한 마리 보이지 않았다

* 진관동 : 서울 은평구에 있는 동네.

억새풀

가을이
지나가는 언덕배기

여린 새싹
꿈을 키우며 살았던 날들

콩나물
시룻짝에 실려 다니던 출근길

세상은
사유지 되어버린 주인장 낫질에

피눈물 흘리며
잘려 나간 이웃들

억세게 운이 좋아
뽑아 올린 새품

어느 놈
거친 손에 꺾여

처음 본
검정 항아리에 꽂혔다

아까워라
고개 숙인 내 일생

편지

종이 위에
한 움큼 꺼내놓고

갈겨쓰듯
줄줄이 뿌려놓고 싶었습니다

번번이
쓰기만 하였을 뿐

우체부 아저씨
가방 속 들어가 보지 못했던 편지

거머쥐고 있다 보니
꽃이파리 쌓여만 갔습니다

단단히
사로잡혔던 버거움

타락타락
모닥불에 집어 던져 버릴까

눈 질끈 감고
십 리 밖
우체통에 집어넣고 도망쳤습니다

4부

잊지 말아요

겨울비

이제라도 내리니
속이래도 후련할까

이러지
저러지도 못한 채

봄 여름 가을
삭혀볼까 하다가

아픔이란 그리움
빨갛게 울고 난 후

몇 날 며칠 내리네
저 혼자서

미련(未練)

설한(雪寒)의 기억
망울망울 피우려다

언약이란-
거추장스러운 가리개 때문에

밤새-
하얀 이불 속 숨었습니다

그리워-
울부짖다 부서지는 옥빛 바다

철없는 파도에-
멍이 든 갯바위 보았습니다

더디게-
오는 줄만 알았지

터질 것만 같았던 몽우리
차마 풀어헤칠 수 없었습니다

이다지-
허무한 언약인 줄 알았다면

차라리 일찌감치-
불사르고 말 걸 그랬습니다

새벽달

무싯날 보다

저 달
맑고 밝다

호젓하게
휘젓고 노닐었을 텐데

핼쑥한 모습
찾아볼 수 없구나

남들 볼까
서둘러 숨어드는

둥그스런
궁뎅이 훤하다

꼬박 뒤척이다
밤을 새운 남작(南鵲)

얼른
쉬 다독여 주고 떠나거라

말로만

말로만
이러쿵
저러쿵 하지 마세요

어디
그댈 믿고
살아온 날 하루 이틀 입니까

어쩌다
이러지
저러지도 못하게 붙들어 놓고

또다시–
했던 말
반지르르 늘어놓고 있습니까

그대 입장에서
정말
놓치기 싫은 사람이라면

말로만
좋아한다 하지 말고
솔직하게 다가와 보세요

이러다
내 마음
착각의 늪 빠져버리고 만다면

다가올
쓸쓸한 어둠의 길
어이하라 그러십니까

물레

돌림판 옆
호롱불

깔끄막
올라서다 헐떡이고

고추바람
문틈 새 들어와도

실 뽑던 매눌아기
꾸벅꾸벅 졸고 있다

훌러덩
적삼 벗어던진 시에미

색경에 비친
젖꼭지 까아맣다

물레
잠도 못 들고

끄덕끄덕
겨울밤 감고 있다

홍매(紅梅)

밤새도록–
낯붉히고 터져 울던 너

빨간 속내–
감출 수 없었나 보다

수년 동안–
부지깽이 타들어 가는 아픔보다

묻어둘 곳–
어디 없던 첫사랑

봄바람 불 적마다–
흔들리며 살아왔다

볼 테면 보란 듯이–
울고 있는 널 보면

하루에도 몇 번씩–
그리움 피고 진단다

허무(虛無)

훌쩍 자란
적송 베어다
상여들대 들였습니다

홍송관(紅松管) 대패질
오서방과
순이 아범 차지입니다

검정 고무신 한 켤레
헝겊에 기운 아픔
외양간 옆 홀태날 메달려 울고

마당 한켠 모닥불
어쩌다
띄엄띄엄 찾아오는 문상객 맞이합니다

긴 세월
콜록콜록 해수병 앓이하다
길 떠나는 허무함

그을린 정지문
판자 조각
떨어져 나간 모서리엔

철부지
손자가 그려놓은
수염 달린 할배 얼굴 있었습니다

새벽시장

새벽어둠
팔소매 걷어 올렸다

졸고 있던 얼굴 들
부시시 일어난다

어떻게 든
살고 봐야겠다는 절박감

내 새끼만은
나같이 살게 할 순 없었다

밤인 줄
낮인 줄도 모르고

봄인 줄
겨울인 줄 모르고 살아왔다

옆집 가게 큰아들
대처(大處)에서 우뚝 솟고

야채 가게 딸아이
태평양을 건넜다

칼바람
비바람도 울어버린 새벽시장

용(龍)을 만들고
호랑이를 키워 낸

울 엄마
아부지의 텃밭이다

정월 대보름

휘영청
달 밝은
정월 대보름

상쇠재비
정현아재
내드름 꽹과리 소리에

장구통
삐딱하게 들춰 멘
일태 총각 뒤따르고

키가 큰
덕순아범
껑충껑충 징을 친다

예닐곱발
채상모
돌려대는 묘기에

터져라
벅구잡이
북통을 두드린다

정짓간
조왕신 찾아
고사소리 읊조리고

한숨 돌리는가 싶더니
장독대 둘러서서
한바탕 소리소리 질러댄다

귀하디 귀한
뽀얀 쌀톨 한 됫박
자룻 속 들어가고

조릿대 망태 속
찰밥덩어리 넣어주면
마당밟기 시작이다

마지막
당도한 부잣집
탁배기 한 사발에

흥이 난 날라리
잽싼 발놀림에
귀청 따가는 소리 요란하다

아낙네들
깔깔대며
괴성을 질러대고

거나한 농악패
기왓장
날아가는 줄 모른다

그대 생각

하얀 눈 내리기에
살며시 눈을 감았습니다

나풀나풀 춤추는 눈
설레게 합니다

꽃길 걸을 땐
꺾지 말고 그냥 보고 있자 했던 그대

단풍잎 떨어지는 오솔길
밟지 말고 위로해주자 했던 그대

잠잘 때도
잡은 손 놓지 말고 꿈을 꾸자 했던 그대

눈 내리는 날이면
이곳에서 기다리자 했던 그대

하얀 눈 내리는 날
오늘이 그날입니다

희끗희끗 새어버린 머리카락
바람에 흩날립니다

그대 생각
끈적끈적 젖어 듭니다

여울목

여울목에
며칠 동안 눈이 내렸다

오가던 길
오지 마라 길을 덮었다

검은 수리
높이 날아 보았자

바람에
실려 가는 하얀 눈송이뿐

여울목
떨어져 우는 눈꽃

보는 이
너밖에 없다

한여름
억겁의 세월 밀어내던 여울목

얼어붙은 사연
옹이 되어 매달려 있다

길을 잃은 버들치
어찌 할거나

그마저
누구마냥 잊혀지겠다

잊지 말아요

날-
잊지는 말아주세요

아무리 우리 만남
짧디짧은 인연이었다 하지만

어디-
그리 쉽게 잊혀질 수 있나요

그대-
그리 빨리 잊으셨다면

설레고-
아름다웠던 순간순간들

기어이-
울음 울고 말 거예요

뜬구름-
참다못해 외로워지면

먼발치–
새록새록 바라만 볼 수 있도록

애써–
날 외면일랑 말아주세요

고향

천연스럽게
마음 열어젖힌 하늘

대지는
부끄러웠던지

초록 천
듬성듬성 가리우고

안길 듯
가까워지는 아름다운 산과 들

띄엄띄엄
초가지붕 누런 모자 뒤집어 쓴 곳

저 자리
대대로 살고 지던 곳

소락소락
어디서 왔소 물어오는 말투

왜 이리
낯설고 어설퍼지는 건가

아
바람아

걷어간 세월
어디메 감추어 두었느냐

파랑새

검정 고무신짝
벗겨지는 줄도 모르고

동천에 뜬 무지개 쫓아
내 뛰던 때 있었습니다

파랑새 그리며
피어나던 초록 이파리

가슴 설레었고
손에 잡힐 듯 하였습니다

이곳저곳 누비며
찾아 나섰던 파랑새

수 없이
그렸다 지웠다 하였지만

맨날
날개 없는 파랑새뿐이었습니다

이제서야
잡을 수 없다는 걸 알았지만

아직도
산사 아래 초가집 처마 밑엔

커다란
파랑새집 앉아 있습니다

왜 그랬을까

좋아한다
말했으면 좋았을 걸

왜
그랬을까

철없던 시절
당겼다 놓았다 고무줄놀이

그냥
당겨놓고 안아줄 걸

그땐
왜 그랬을까

거짓말 못하고
용기없어 그랬을까

다른 누구
좋아하던 사람 없었으면서

좋아한다
사랑한다 말해줄 걸

여태
그리움 남아 있는데~

5부

정리(整理)

경비원의 일기

오늘도

다소곳이
인사를 했다

누구는
살갑게 받아 주고

누구는
뻣뻣하게 지나간다

지 애비
지 에미 얼굴 보인다

지금 세상
상전 하인 있다더냐

늙은이
하루해가 길다

목민심서(牧民心書)

민생
목도한 데로 실천하라

맡은 바
본분 등한시 하지 마라

아무리
심오한 이론 갖추었다 한들

실천하지 아니함은
천심을 거스르는 행위니라

이는
농부가 농작물을 돌보지 아니하는 것과

어부가
뱃놀이에 빠져 노니는 것과 같도다

몸뚱어리 하나
다스리지 못하면서

봉공(奉公). 애민(愛民)
두루 살필 여유 있겠는가

밟혀 죽고
굶어 죽는 민초 원성 드높은데

천심.민심
무서운 줄 모르느냐

작금
해관(解官) 한들

올곧은
세상 돌아올까 말까

구멍가게

인적 드문
골목 길

코딱지만 한
구멍가게

지팡이
옆에 놓고

할머니
꾸벅꾸벅 졸고 있다

어쩌다

지나가는
인기척에

실눈
한번 떠보고

부르릉~
오토바이 소리에

화들짝
놀라시는 할머니

쭈글쭈글한 고독
팔릴 날 까마득하여라

인적 드문
구멍가게

할머니
홀로 살아간다

어찌하오리까

서까래
썩어가고 있습니다

기둥마저
벌레가 파먹어 들어가고

대들보
흔들립니다

수양제(隋煬帝) 백만대군
압도하는 국록지신(國祿之臣)

어느 곳 하나
온전한 곳 없습니다

공정함 사라지고
갉아먹고 빼먹는 부정부패

참다 참다
민초(民草)들 포기하고 말았습니다

로마제국
장제스 자유월남…

그들처럼
사라질까 슬퍼집니다

아~
어찌하오리까!

서까래
썩어가고 있습니다

기둥마저
벌레가 파먹고

대들보
간당간당 흔들립니다

소년병

망나니 녀석들
분탕질 쳐놓은 꽃길

그해 여름
전쟁터 끌려나가

원통하게 쓰러져간
소년병 닮았습니다

뉘 자식도 죽었담성~?
수군대던 아낙들

무서리 시리 우는
자갈길 주저앉아 울었습니다

옥희한테 장가 보내 달라
떼쓰던 철부지도

목구멍 담가놓은
그리움 삼키지도 못하고

엄마야~ 엄마야~
울부짖다 눈을 감았습니다

가까스로 엄마 품에
전사통지서 안겨주던 날

온종일
이 길은 울고 울었습니다

입석(立席)

내 자리
언제나 입석(立席)

고정석 아니길
바라는 건 희망 사항

빰 맞고
월급 떼이고 기막힌 인생살이

사람은
태어나면서부터 평등하다는 천부인권

세상
그렇지 않다는 것 다 아는 사실

지 놈들
언제나 내리 로열석

당연하다 생각하며
살아가는 족속들

세습되고
고착화되어버린 주종관계

빰이나
때리지 말고

쥐꼬리만 한 월급
제때 줬으면 좋으련만

그냥 그저
먹고 나 살게~

형(兄)

형!
형의 무덤 보이는
두붓집 앞 서 있습니다

슬레이트 지붕
강풍에 날아간 장마철
내려앉은 서까래 썩어가는 양조장

곡괭이와 삽
리어카로
길을 낸 새마을길

들춰 멘 상여
행상(行喪)소리 부르며
이 길을 지나갔지요

황천길 앞서 떠난 형 생각에
남들
눈치 보지 않는 논밭에 나가

허구한 날
울고 있는 아줌씨
보기에도 안타까웠습니다

아는 이 만나면
그냥 보낼 수 없다며
부어라 마셔라 그리 살았던 형

이 정도쯤이야
갑(甲)쟁이 생일날
주고받던 술잔 거절치 못하더니

집으로 돌아가던 석양길
어쩌다
밭두렁에 처박히고 말았지요

까악 까악 까마귀 떼
뽕밭에 내려앉고
굵은 빗방울 떨어졌지요

그 뒤
어울렸던 술꾼들
하나둘 고향 땅 떠났습니다

월급날

해가 저문다

안주머니
불룩한 월급봉투

마누라 앞가슴 속
깊숙이 넣어줘야 할 텐데

째깍째깍
퇴근 시간 다가오자

조마조마
가슴이 뛴다

큰소리 뻥뻥 치며
긁어놓은 외상술값

립스틱
짙게 바른 술집 색시

톡 톡 껌 씹으며
팔짱 끼고 서 있을 텐데

해가 저문다

안주머니
월급봉투 떨고 있다

정리(整理)

하얀
세계로 떨어진다

간당간당
잡고 있던 줄 놓쳐버리자

끝 모를 곳으로
바람처럼 너울너울 날아간다

어둡지만
두려움 하나 없는 텅 빈 공간

유영(流泳)하던 영혼
사르르 엷어지고

점 점 점
빠르게 사그라져 간다

공기 방울
뿜어내던 침몰선 가라앉고

기나긴 흔적
서서이 소멸되어 간다

정리된
희뿌연 회색 세계

다른 시작
또다시 꿈틀거린다

암 병동

창가에
하얀 아침 앉았다

하루 더
살아보라 주어진 삶

붙들고
버티기에 빠듯하다

아깝게
깎아 먹는 시곗바늘

저놈이
저승사자다

임진강

참다 참다
울어버린 울 엄니

임진강
나루터에 앉았습니다

세월만큼
희어진 머리카락

뜨내기 새
날자마자 흩날리고

강물 속
빠져버린 그리움

주섬주섬
담을 수도 없으니

이제 와서
어쩌란 말입니까

옥이

고샅길
나비 쫓던 아이들

초롱초롱
토끼 새끼 닮았었지

눈만 뜨면
빼꼼히 고개 쳐든 굴뚝처럼

헐떡이던
바람 구름 꼬리 잡고 살아왔지

겹겹이
쌓여있던 속마음

속속들이
풀어 헤쳐 보일 수 없었던 삶

누가 보면
꼬~옥 별바다 빠져 산다 하겠지만

문살에
머문 저 달빛 끌어안고

하이얀
허벅지 드러내 놓고 싶었었지

시집올 때 신었던
예쁜 꽃신 꺼내 신고

밤새도록
춤 한번 추어보고 싶었지

아리랑

더듬더듬 오다 보니
수만 리 걸었습니다

아리랑
젖어 물든 숨결 보았습니다

변한 것
하나 없는 산과 들

님들은
이곳이 어딘지도 모르면서

쫓기고
쫓겨 왔을 님 생각에 슬퍼집니다

멀어져 가는
고향 땅 뒤로 할 때

얼마나
님 그리워 울었을까요

서쪽으로 동쪽으로
누구는 바다 건너 떠났습니다

몸부림치던
아리랑 끌어안고 떠났습니다

푸욱푸욱
발자국 남겨놓고 떠났습니다

우리는
이제야 아리랑 불러 봅니다

자유(自由)

사방팔방
둘러싸인 석벽과 옹벽

살아남은
앙상한 가지 하나

그나마
무서리에 뿌옇게 솟아있다

연이은 시달림
윗돌 아랫돌 각박한 돌려막기

다 떠나버린
가을길 발가벗겨 걸어간다

매일 매일
어딘지도 모르는 목적지 찾아

동전 몇 닢
만지작거리는 시간들

포승줄에 묶인 먹잇감
장작불 속 던져질 때

걸객들
개걸스런 비루한 침샘

섬뜩했던
역겨운 아귀다툼

두려움
그리고 절망감

비참하게
무너져 내리던 인격과 품격

어찌나
바람과 햇살 그리웠던지

검시관이 던져놓은
촛댓불 저 밑

하늘이 내려주신
염라대왕 호출명령서

자유

세상

난장판-

이곳이
어딘지도 모르겠다

시끄러워

휘~익
돌아앉아 버렸더니

사람들

날더러
빙신짓 하고 있다 말하네

지갓것들

새까맣게
타들어 가는 내 속도 모르면서

6부

잊을 수 없는 그대

한강(漢江)

금대봉 기슭
숨어 살던 검룡소(儉龍沼)

태곳적 길을 내며
물어물어 내려왔다

구불구불
천이백 팔십여 리

숱한 사연 보고 잊고
못 본 척했던 곳도 많았다

마포나루 지나서야
한시름 내려놓고

노을 속 드러누운
전류리(顚流里) 포구에서

널브러진 탯줄
바다 깊이 심었다

마지막 인사

떠나기 며칠 전에야
그 님을 만났습니다

아쉬움
아픈 마음 때문이었습니다

이곳을
떠난다 말했을 때

서운해 하는
그 님의 그림자 보았습니다

간극의 협곡
사모의 정원

현실이 만들어 놓은
현상 속에서도

해마다
빠알간 꽃씨 뿌렸습니다

해가 지고
떠나야 할 시간

촉촉한 눈빛
떨리는 그 님의 손 보았습니다

보드라운
분홍빛 입맞춤

그것은
가슴 구석구석 찢어지는

슬픈
마지막 인사였습니다

어쩌다

어쩌다
그대를 알고부터

우연인지
인연인지

벗어날 수 없는
호리병에 갇혀 버렸습니다

애초
마음 두지 않았는데

어쩌다
그대를 알고부터

가슴 붉어지고
초조해지는 날 보았습니다

처마 밑에
매달린 고드름처럼

어쩌다
그대를 알고부터

하얗게
날밤 새는 날 많았습니다

바람 부나
비가 오나 꽃이 피나

어쩌다
그대를 알고부터

그리움에
맨날맨날 울었습니다

거짓말

이별 뒤
모든 걸 잊었다 거짓말하지 마세요

그저 잠시
다른 곳 정신 팔려 비켜나 있었을 뿐

응어리진
아픔, 괴로움, 그리움

어느 때
불쑥 찾아와 힘들게 할지 모르니까요

이별 뒤
겉으로 태연한 척 하다

뉘 알라
남몰래 숨어 울었을 터

잊은 지 오래됐다
그런 거짓말

끄덕끄덕
믿을 사람 누가 있다고

모든 걸
잊었다 거짓말하지 마세요

누이

누이는
무엇이든 일등이었지

공부든
달리기든

계집애들끼리든
머슴마들 끼어있든

누이는
어디서든 대장이었지

이런 누이
아픔 있었지

가난해서 그랬고
계집애라 그랬지

책가방 들고
대처(大處)로 나갈 수 없었지

그렇다고
누굴 원망하지 않았지

마음속엔
언제나 일등이고 대장이었으니까

에미 맘

개울 건너 저어 쪽
삼밭 끼고 돌아서면

누가 오나
바라보는 집 한 채 서 있다

분이 얼굴
늘상 보던 행길 가 우물 속엔

오늘도
물거울 두레박 살고 있다

한낱 벙어리처럼
말이없던 시골 가시내

못 견디게
대처 땅 그리웠을까

겨울 아침
기차 타고 떠나갔다

하얀 눈 물결 속
동네 가시내들 노랫소리 들려오면

분이 에미
뜰팡에 주저앉아 울고 있다

은 다방(銀 茶房)

밤새
견뎌내기 몹시 가려워

달려 온
시골 읍내 은 다방

털어놓을 속마음
찻잔 속 담가놓고

이제나 저제나
기다린지 반나절

창밖 터미널
홈 팬 바퀴에도

털어내지 못한 말
덕지덕지 묻어있다

돌아서지 못하고
날 바라보던 석양 노을

창문틀
붙들고 서 있다

이별

머지않아
그리움 시들고 나면

새 소리
바람 소리 들려오는 창가에 앉아

손잡고
걸었던 시간 펼쳐 보리라

그리도
사랑했고 행복했던 우리

내 건너
산밑 뗏집으로 떠난 후

아름다웠던 추억
까마귀 입에 물려 날아갔지

텅 빈 방구석
휑한 슬픔

액자 속
사진 한 장 바라보며 울었지

잊을 수 없는 그대

창가에
비가 내립니다

어젯밤부터
추적추적 내리기에

그대
눈물인 줄 알았습니다

새빨갛던 잎새 떨어져
창가에 부딪히던 가을날

들국화 한 아름 꺾어놓고
소리 없이 떠나갔지요

청승맞게
한동안 서성대기만 하였습니다

그 어떤
바람 소리 그림자 같은 느낌에도

가슴 차오르던
그리움 참을 수 없었습니다

내 마음
내 어떻게 속이겠소

그대를
사랑하고 있다는 걸

침략자

은밀한
작전명령 COVID-19

총성 없는 전선
지구촌 휩쓸고 있다

종군기자
목소리에 귀 세우고

보이지 않는
적군에 쫓기는 인류

된비알길 걷는 세상
불안해서 못살겠다

경험해보지 못한 공격
슬픈 이별 늘어가고

엉켜 오열하는 아픔
마스크만이 알고 있다

휴전도
정전도 언제 올지 모르는 전쟁

사랑도
우정도 멈춰 세운 침략자

피폐되어 가는 지구촌
한숨 소리 맴돈다

혼술

시끌벅적
술맛 땡기는
포장마차 아니어도

점잖은 척
야한 농담 숨겨놓는
색싯집 아니어도

밤마다
소반(小盤) 위
술잔 하나 놓는다

간절하게
바라는 것 없는
혼자만의 건배

울었다
웃었다
발가벗겨 마신다

어쩌다
가끔
노랫가락 곁들이며

정든
널
끼고 산다

멍텅구리

부끄러운 줄
모르는 알몸

꽃다발 안겨주고
박수 치는 아우성

등골 휜
노인네 눈물 흘린다

목젖까지
차오르는 고통과 절망 앞에

노를 젓던 어부
그물망에 몸을 던지고

고래고래
고래처럼 소릴 지른다

머리가 셌건만
모두가 처음 보는 사람들

뼈를 깎아
기둥 세울 자(者) 어디 없고

멍텅구리들
거드름만 피운다

아마도

보이던 길
너마저 희미해져

덩달아
기억조차 가물가물

해제된
일기장 비밀번호

헤집어 놓은
밀어 떠나가면

아마도
너마저 잊혀 지겠지

너

간지럽게

살랑살랑
뒤 따라 오더니

그게
바로 너였니?

모른 척하려다
머물 듯하기에

설레던
마음 열어 놓았지

이렇게
훌~쩍 떠날 줄 알았다면

빠알갛게
바라보지 않았을 텐데

한켠에
묶어 놓았다 풀어헤친 내 마음

이제 와서
어찌하라 그러느냐

슬피 우는 새

어디선가
들려오는 저 소리

무슨 사연인지
쉬 알 수 없지만

구슬픈 울음소리
애간장을 태운다

널
이불 속 불러들여

다독다독
재워보고 싶다만

소식 없는
내 님 생각에

지칠 대로
지친 이내 마음

냉큼
그럴 수도 없구나

문학세계대표작가선 946

홀로 핀 꽃

박가박 시집

인쇄 1판 1쇄　2021년 4월　5일
발행 1판 1쇄　2021년 4월 12일

지 은 이 : 박가박
펴 낸 이 : 김천우
펴 낸 곳 : 도서출판 천우
등　　록 : 1992. 2. 15. 제1-1307호
주　　소 : 서울시 성동구 무학봉28길 6 금용빌딩 2F
전　　화 : 02)2298-7661
팩　　스 : 02)2298-7665
http://moonhak.wla.or.kr
E-mail : chunwo@hanmail.net

값 13,000원

ISBN 978-89-7954-841-9